AF587881
9783905 999518

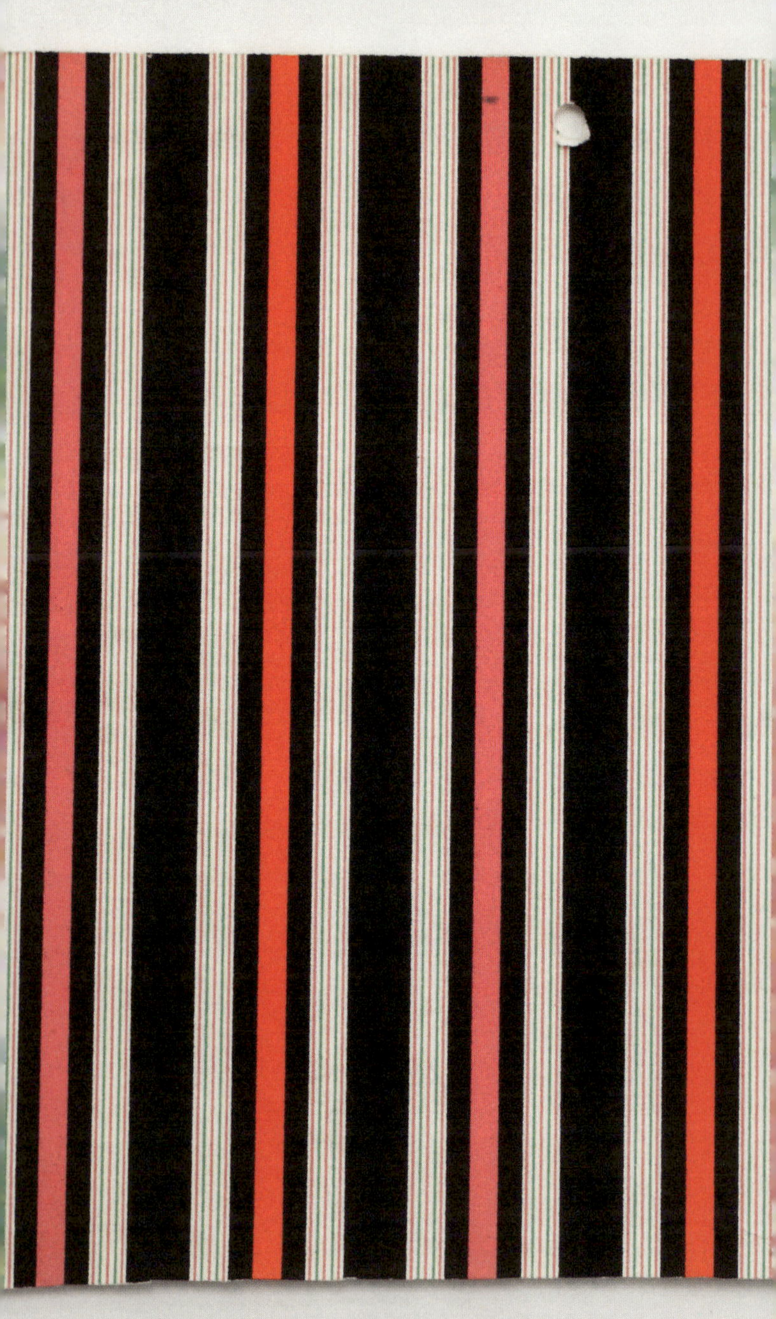

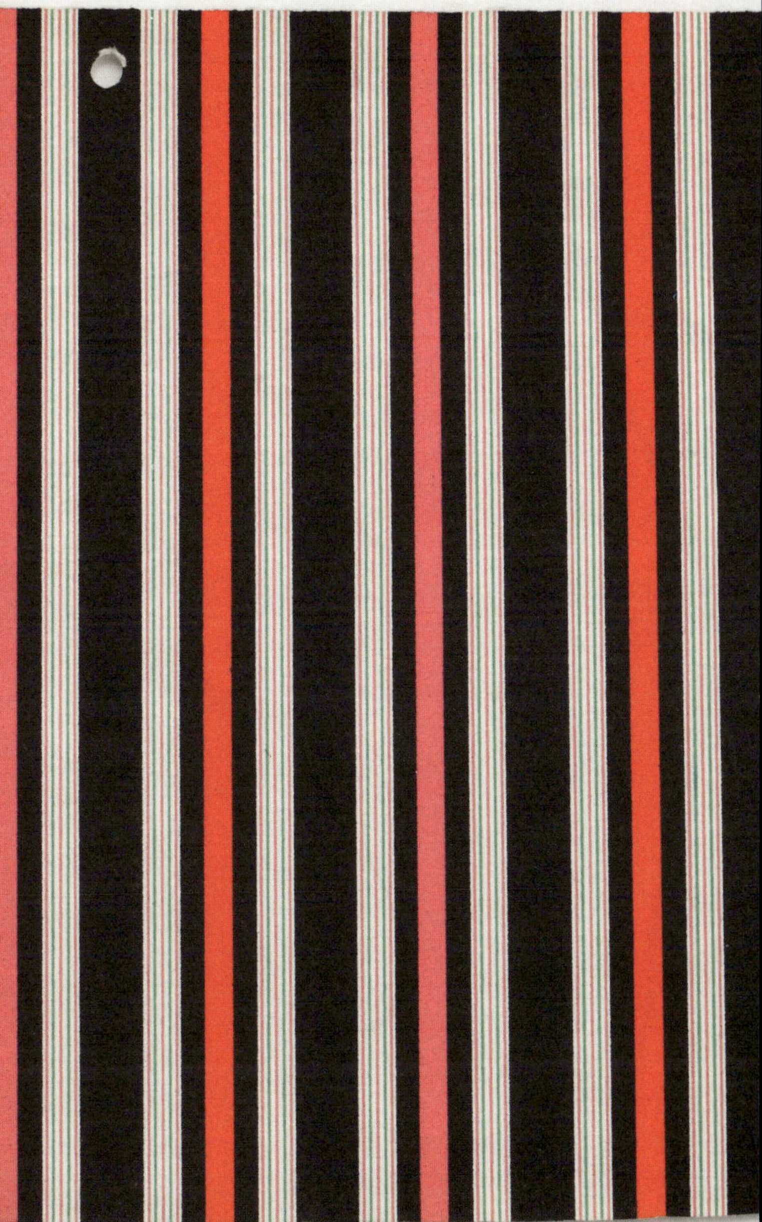

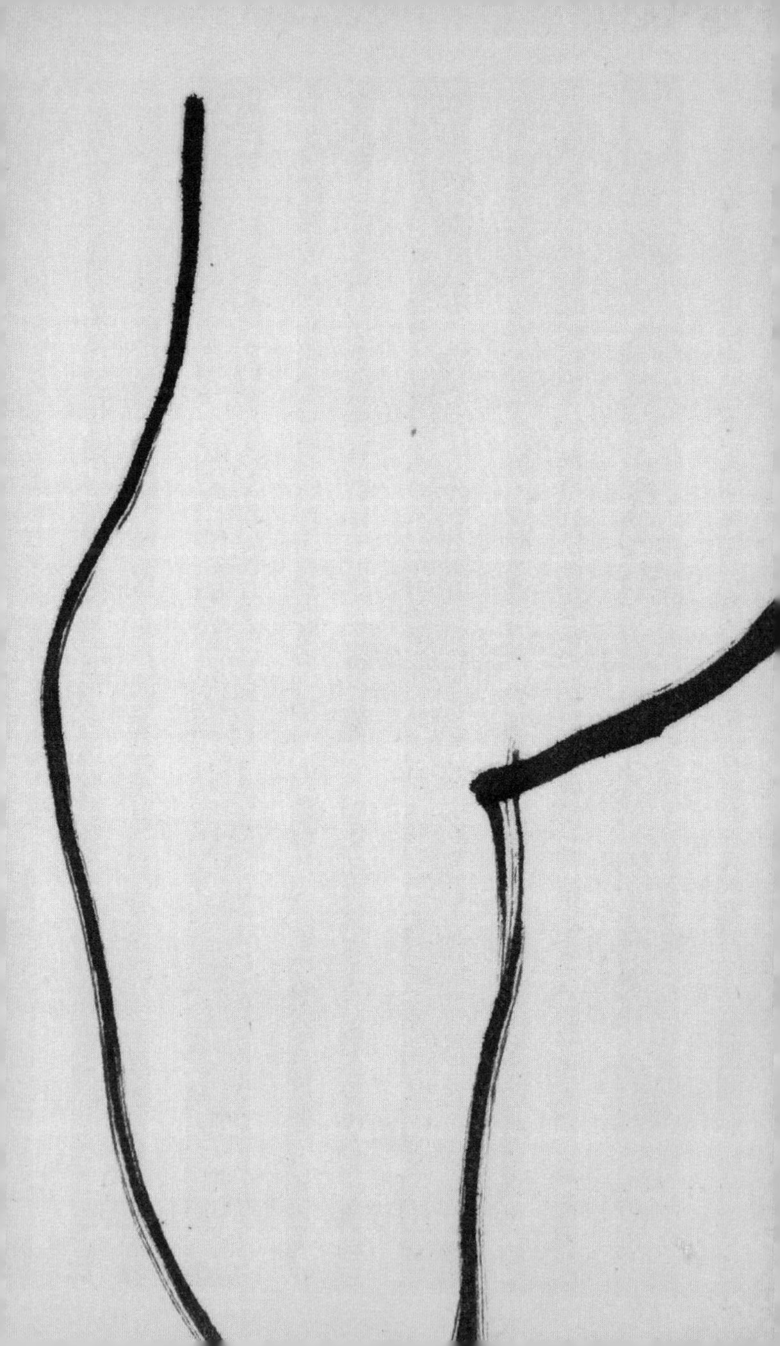

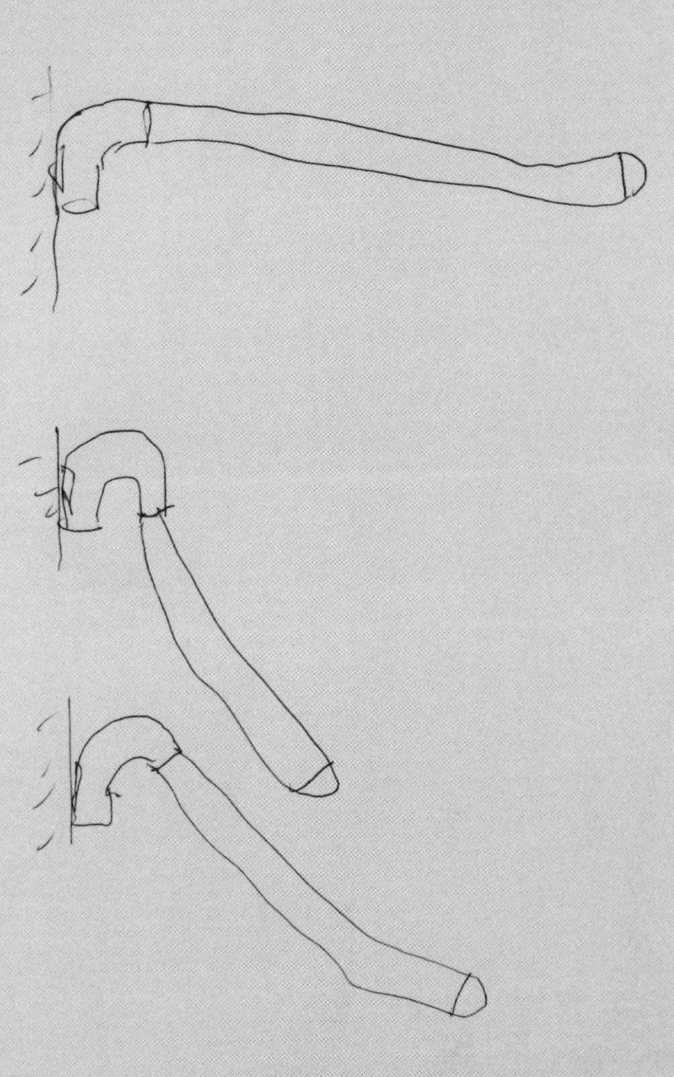

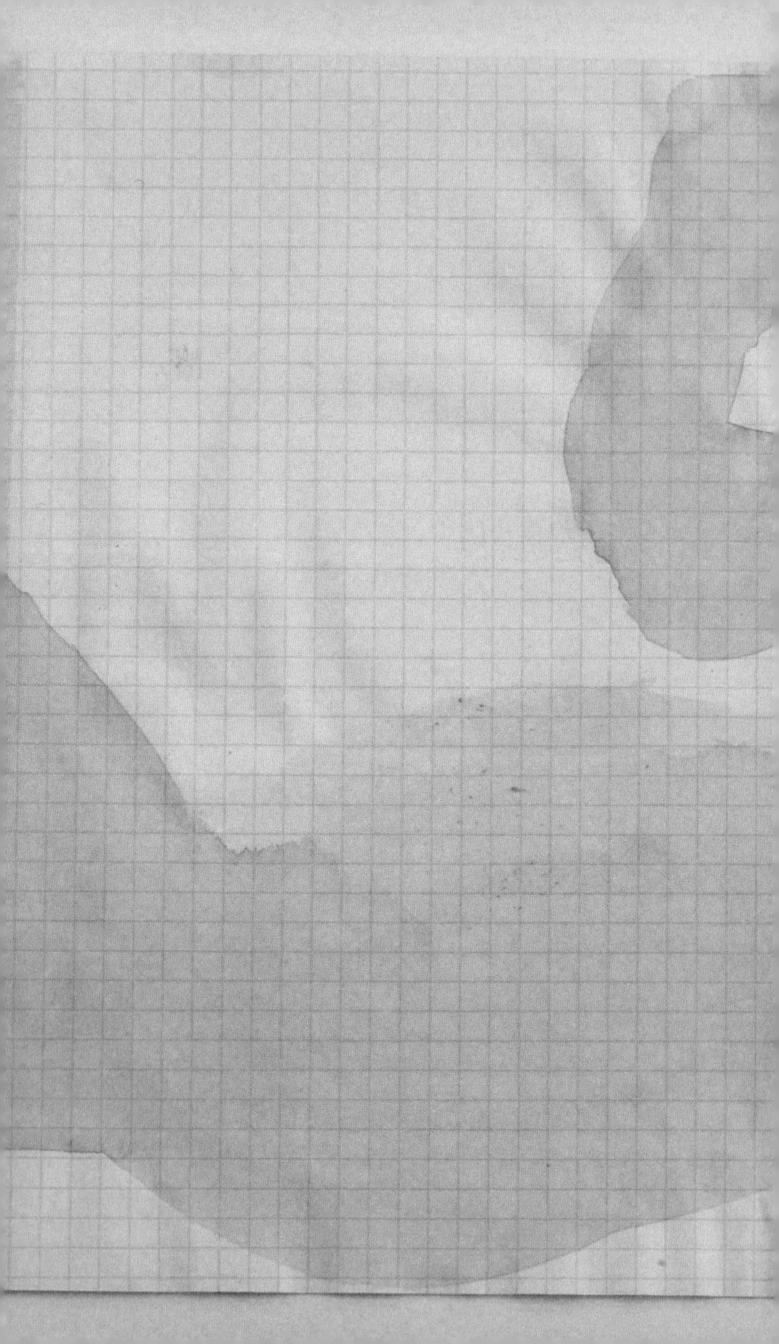

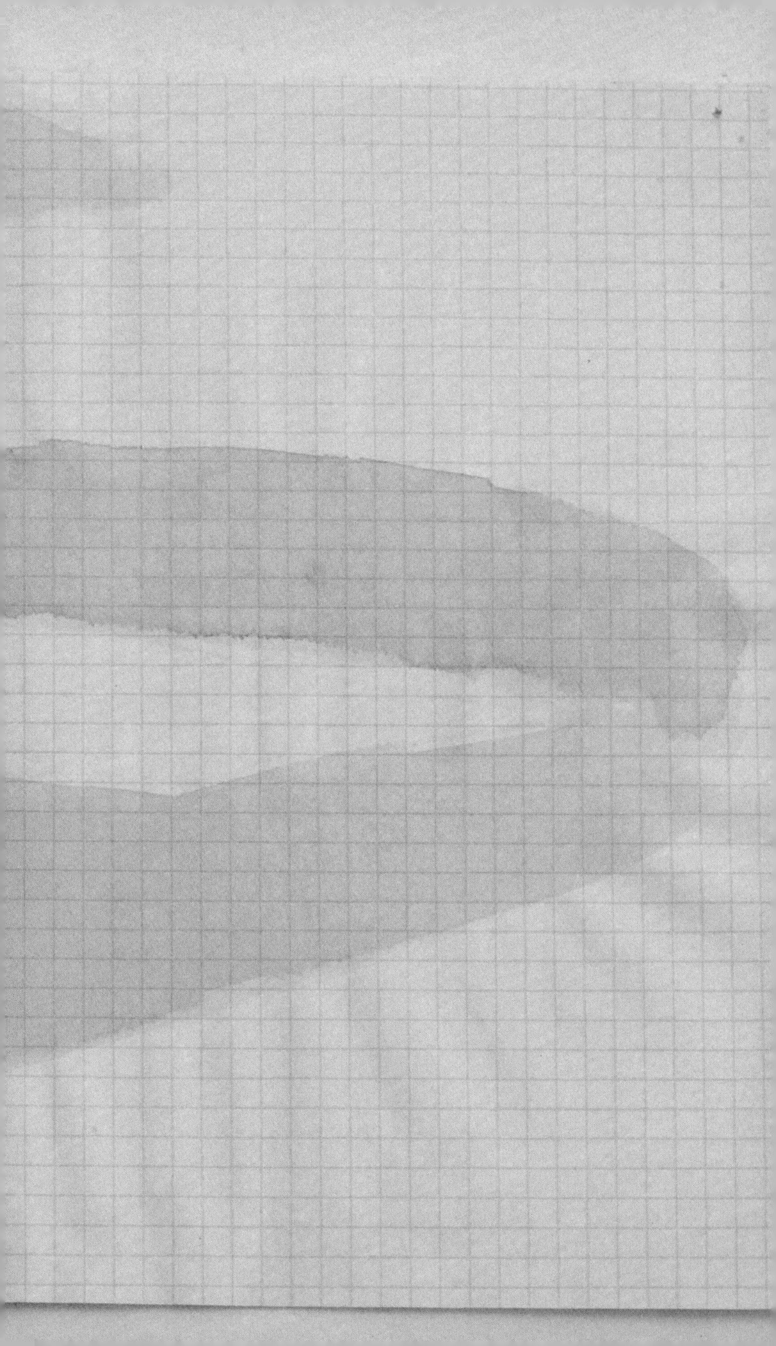

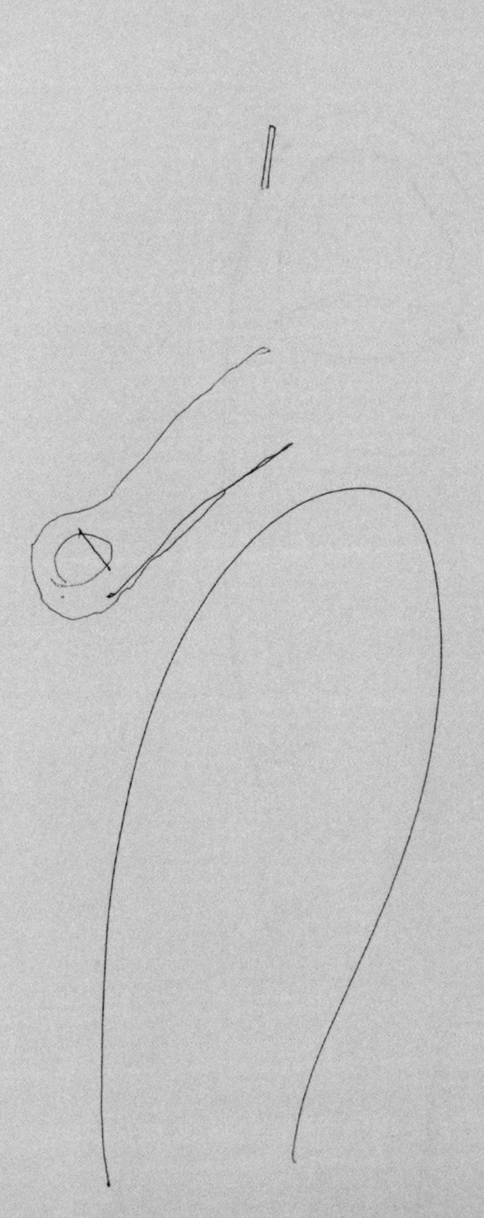

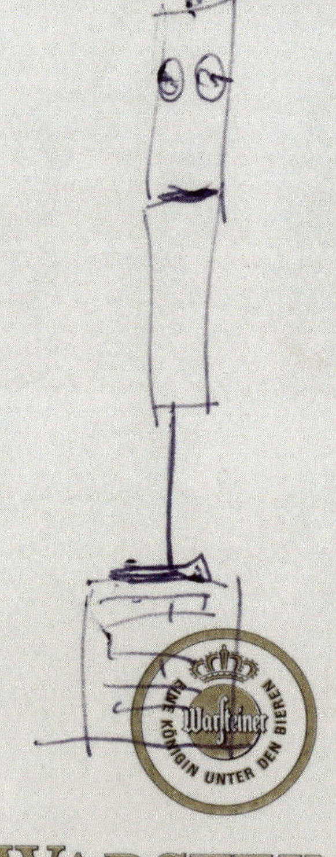
Warsteiner
EINE KÖNIGIN UNTER DEN BIEREN
WARSTEINER

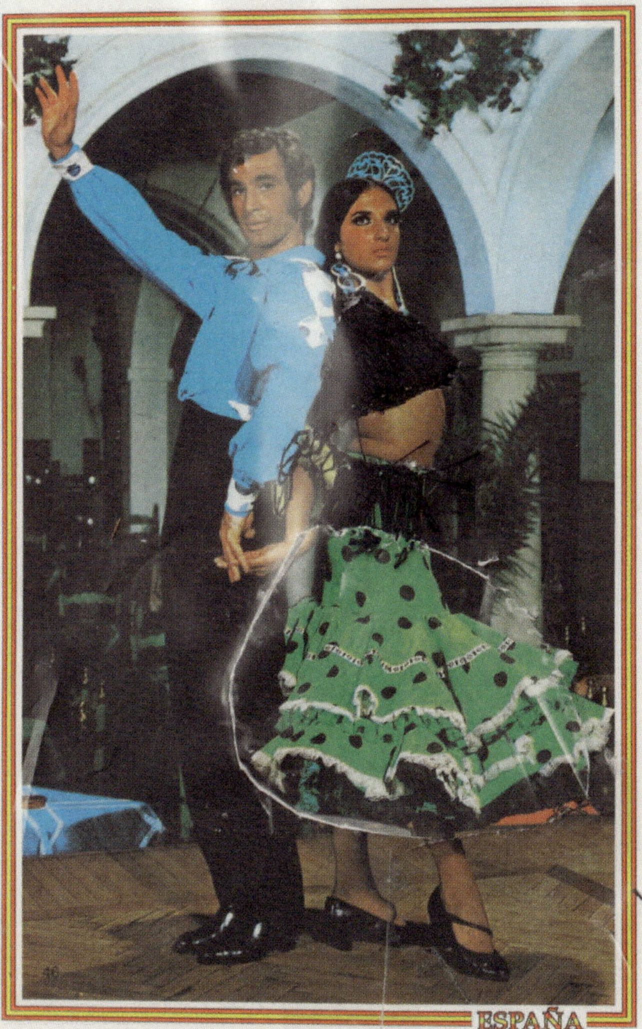
ESPAÑA

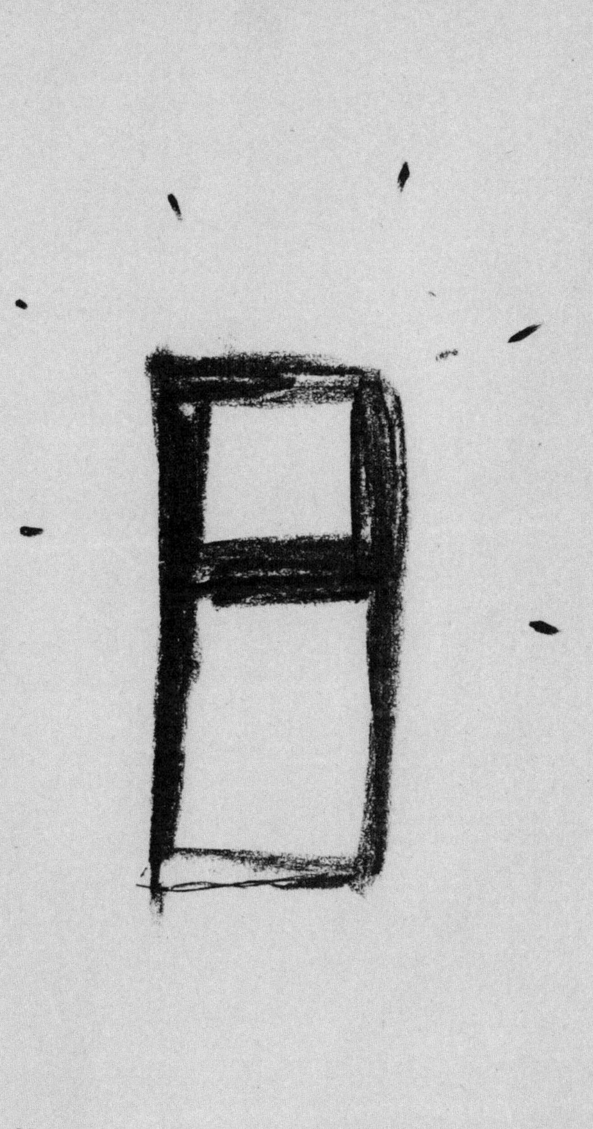

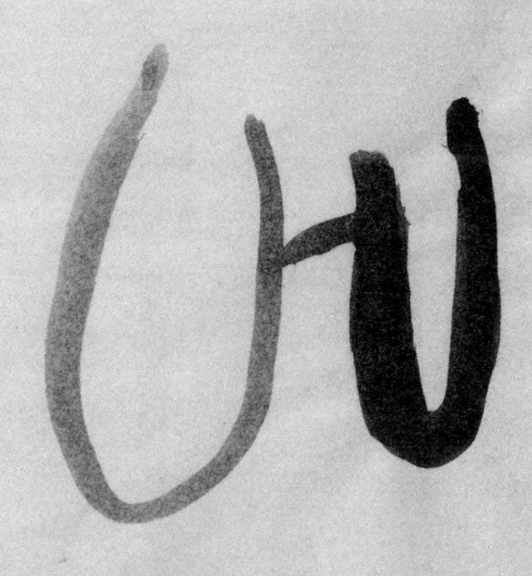

TOTO-X

Wettbewerbe/Concours/Concorsi

1 ☐ 5 ☐ 10 ☐

1+2	3+4	5+6	7+8	9+10	11+12	13+14
1 2 3 4 5 6	1 2 3 4 5 6	1 2 3 4 5 6	1 2 3 4 5 6	1 2 3 4 5 6	1 2 3 4 5 6	1 2 3 4 5 6
7 8 9 10 11 12	7 8 9 10 11 12	7 8 9 10 11 12	7 8 9 10 11 12	7 8 9 10 11 12	7 8 9 10 11 12	7 8 9 10 11 12
13 14 15 16 17 18	13 14 15 16 17 18	13 14 15 16 17 18	13 14 15 16 17 18	13 14 15 16 17 18	13 14 15 16 17 18	13 14 15 16 17 18
19 20 21 22 23 24	19 20 21 22 23 24	19 20 21 22 23 24	19 20 21 22 23 24	19 20 21 22 23 24	19 20 21 22 23 24	19 20 21 22 23 24
25 26 27 28 29 30	25 26 27 28 29 30	25 26 27 28 29 30	25 26 27 28 29 30	25 26 27 28 29 30	25 26 27 28 29 30	25 26 27 28 29 30
31 32 33 34 35 36	31 32 33 34 35 36	31 32 33 34 35 36	31 32 33 34 35 36	31 32 33 34 35 36	31 32 33 34 35 36	31 32 33 34 35 36
37 38	37 38	37 38	37 38	37 38	37 38	37 38
1 2 3 4 5 6	1 2 3 4 5 6	1 2 3 4 5 6	1 2 3 4 5 6	1 2 3 4 5 6	1 2 3 4 5 6	1 2 3 4 5 6
7 8 9 10 11 12	7 8 9 10 11 12	7 8 9 10 11 12	7 8 9 10 11 12	7 8 9 10 11 12	7 8 9 10 11 12	7 8 9 10 11 12
13 14 15 16 17 18	13 14 15 16 17 18	13 14 15 16 17 18	13 14 15 16 17 18	13 14 15 16 17 18	13 14 15 16 17 18	13 14 15 16 17 18
19 20 21 22 23 24	19 20 21 22 23 24	19 20 21 22 23 24	19 20 21 22 23 24	19 20 21 22 23 24	19 20 21 22 23 24	19 20 21 22 23 24
25 26 27 28 29 30	25 26 27 28 29 30	25 26 27 28 29 30	25 26 27 28 29 30	25 26 27 28 29 30	25 26 27 28 29 30	25 26 27 28 29 30
31 32 33 34 35 36	31 32 33 34 35 36	31 32 33 34 35 36	31 32 33 34 35 36	31 32 33 34 35 36	31 32 33 34 35 36	31 32 33 34 35 36
37 38	37 38	37 38	37 38	37 38	37 38	37 38
2.–	4.–	6.–	8.–	10.–	12.–	14.–

Blockfabrik Lichtensteig (1) 7 2001

Teilnahmedauer ist für Tipps und **beide** Joker **gleich** Durée de participation **identique** pour les tips et les **deux** Joker **Equa** durata di partecipazione per i tips e per tutti **due** Joker

Joker Ja Oui Si ☐ CHF 2.- 509171 ★★★★★★ EXTRA Joker Ja Oui Si ☐ CHF 2.- 009176 ★★★★★★

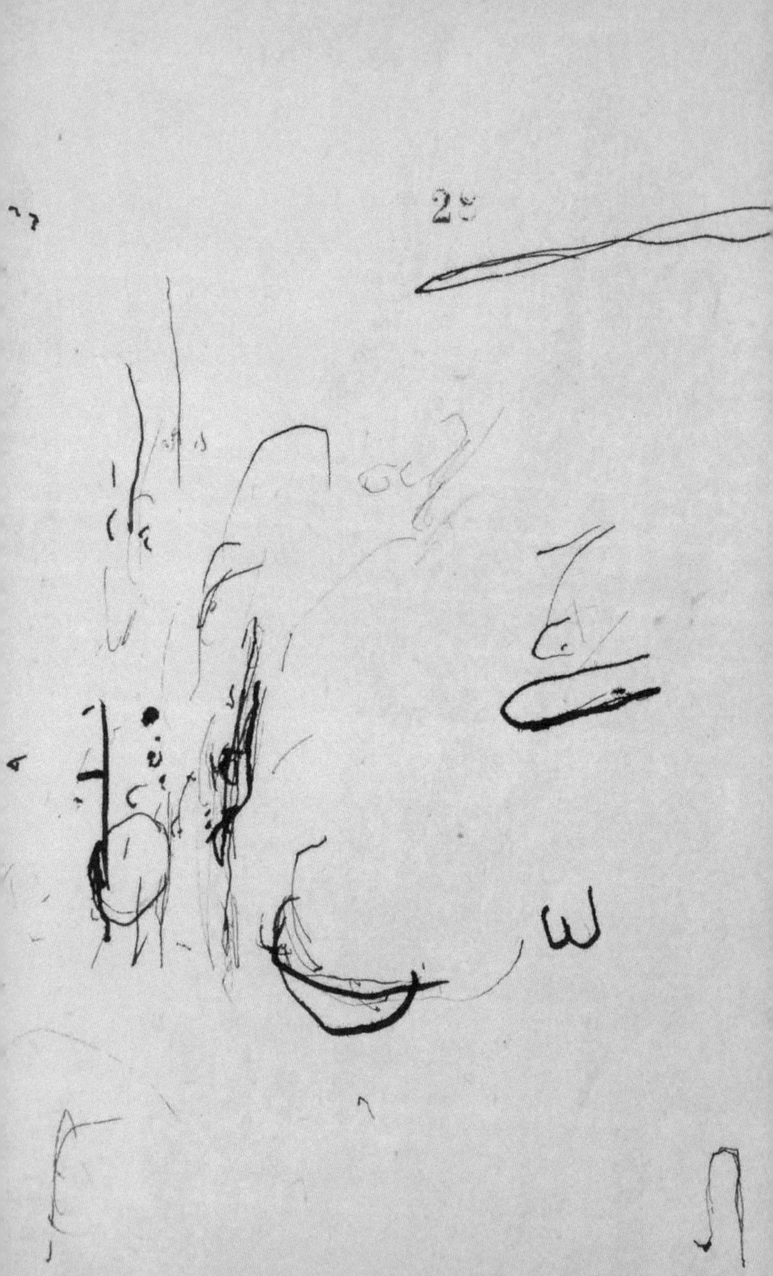

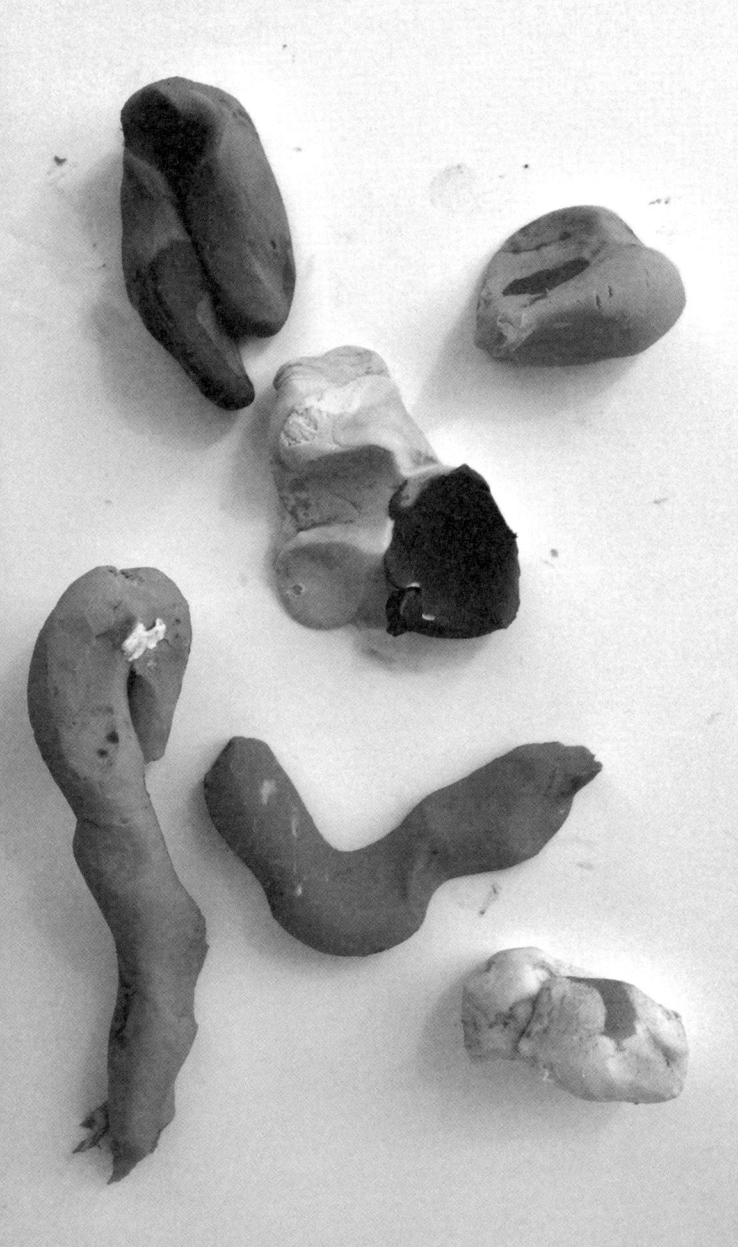

Der friesische Taschenrechner.

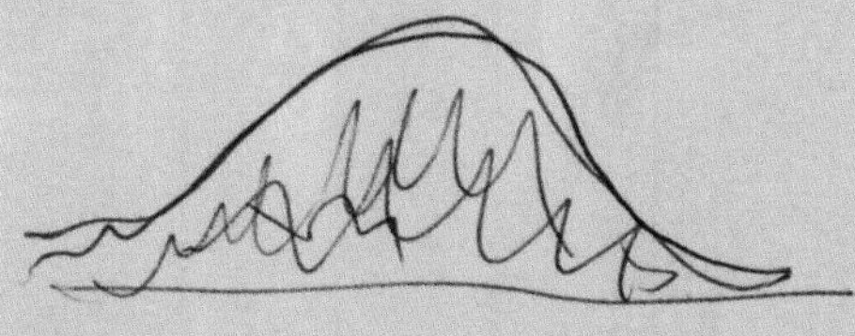

www.jever.de

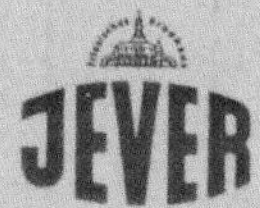

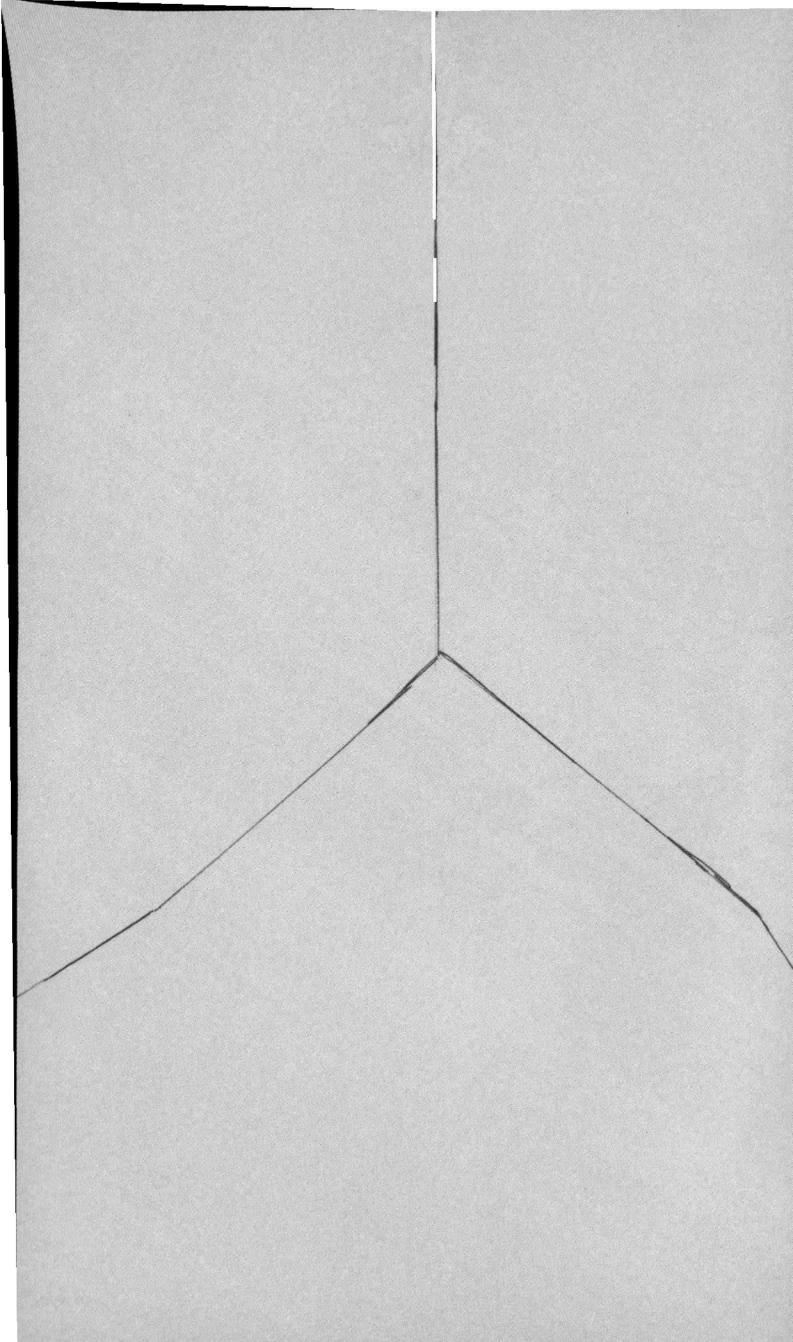

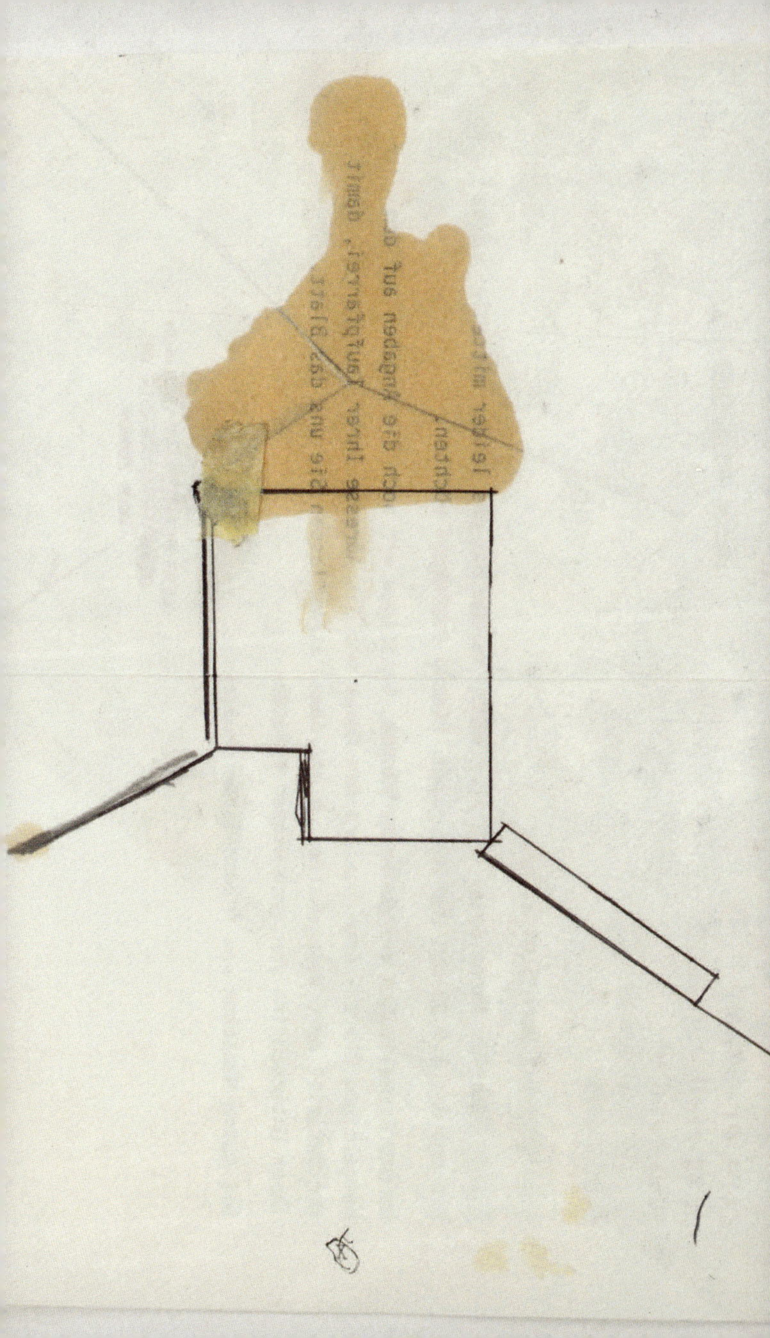

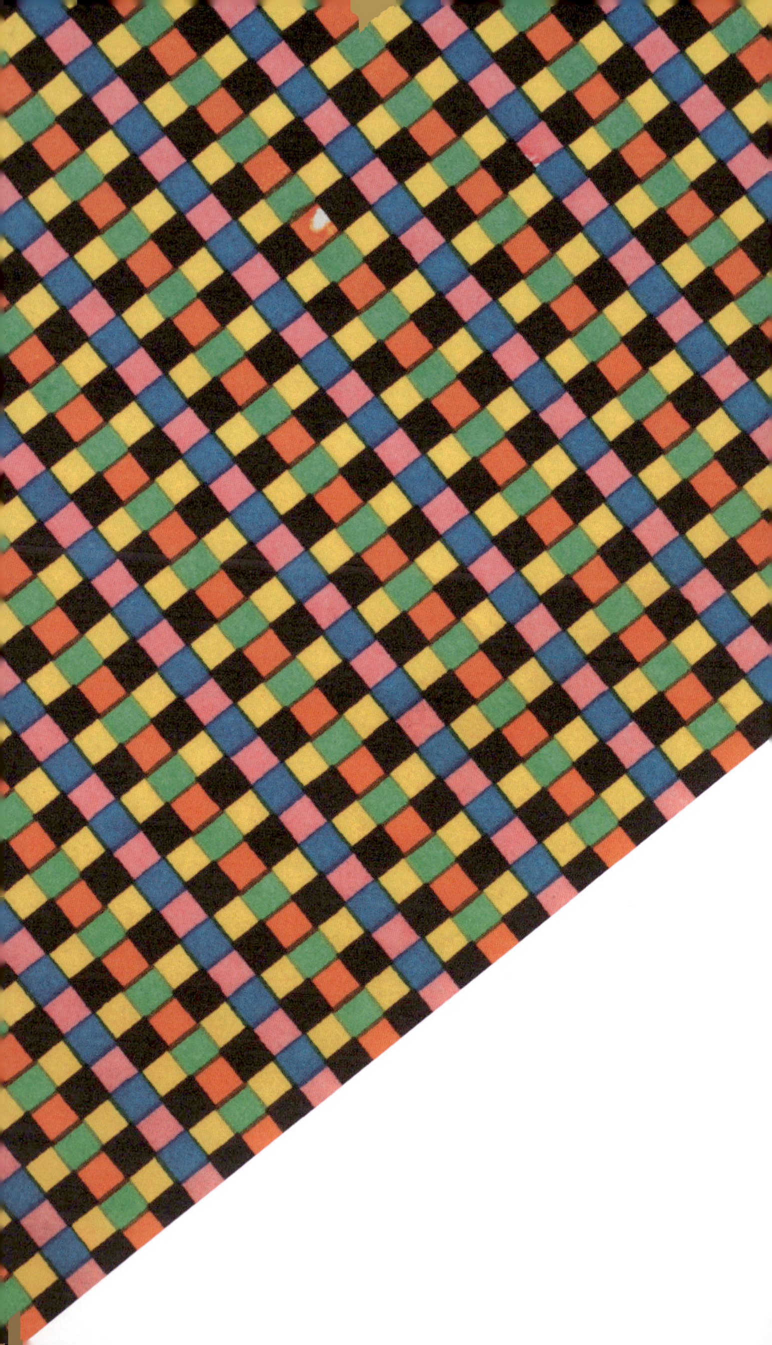

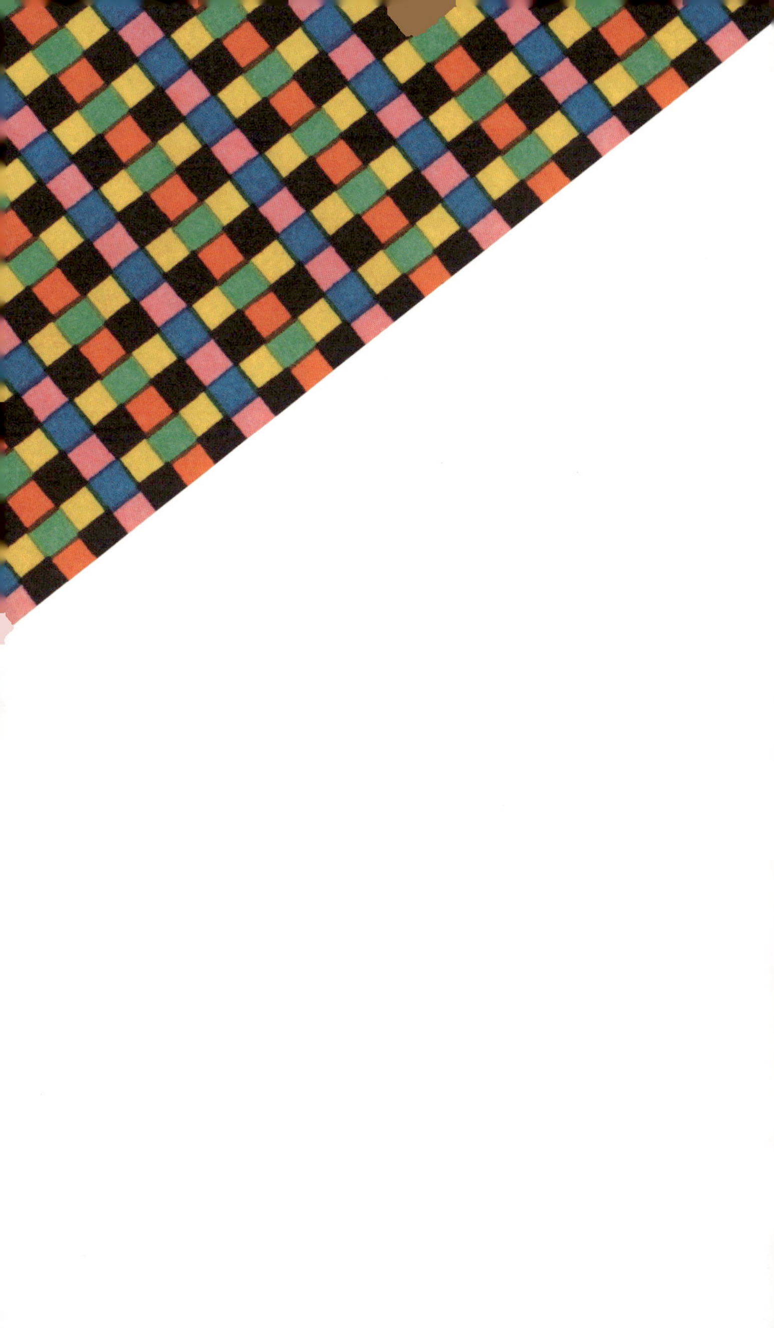

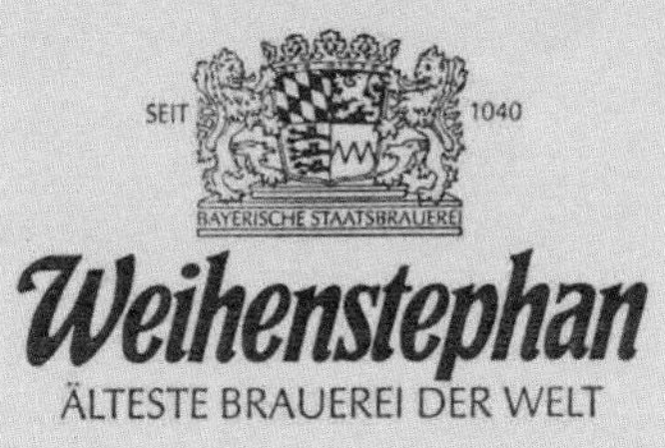

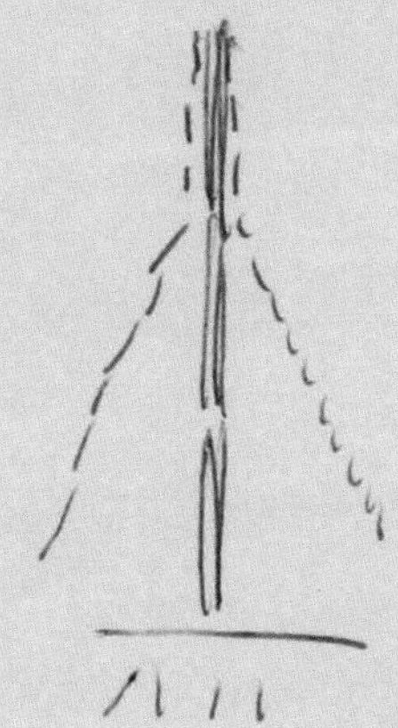

URSPRUNG DES BIERES

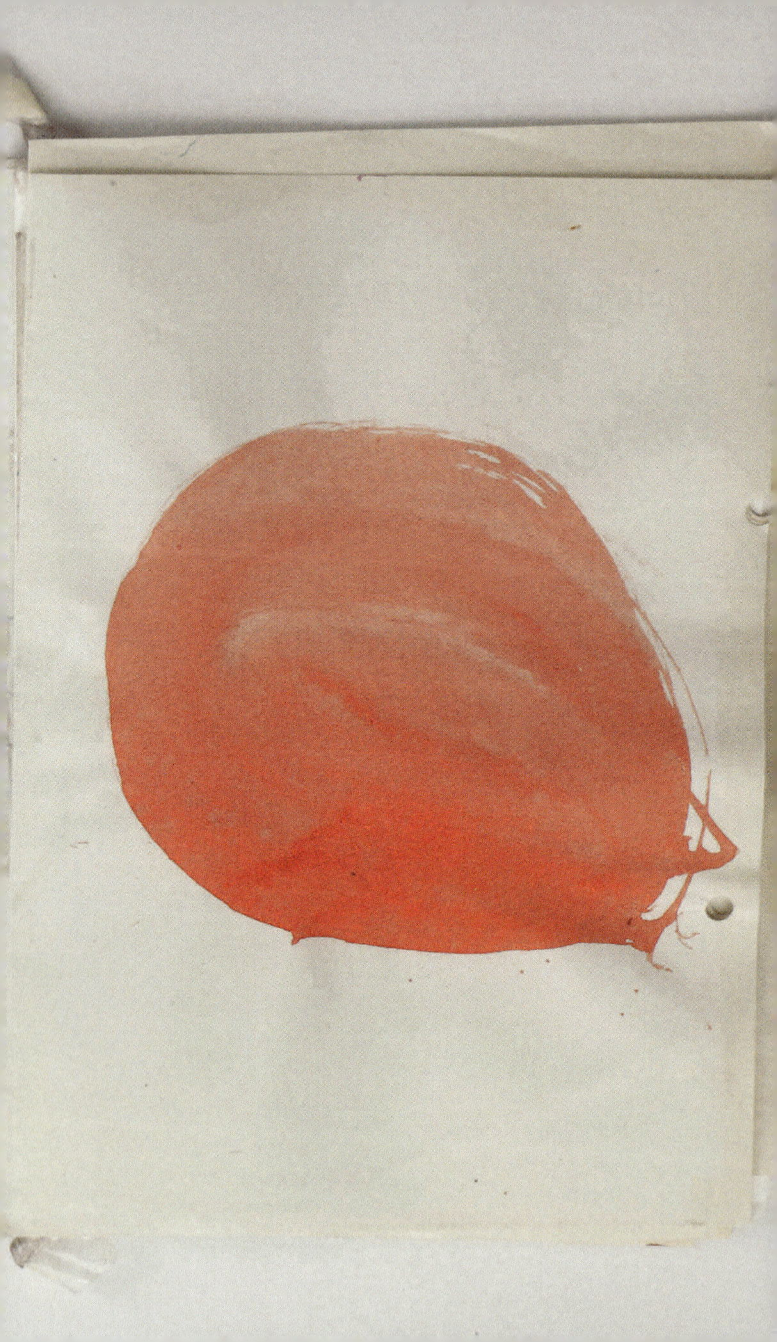

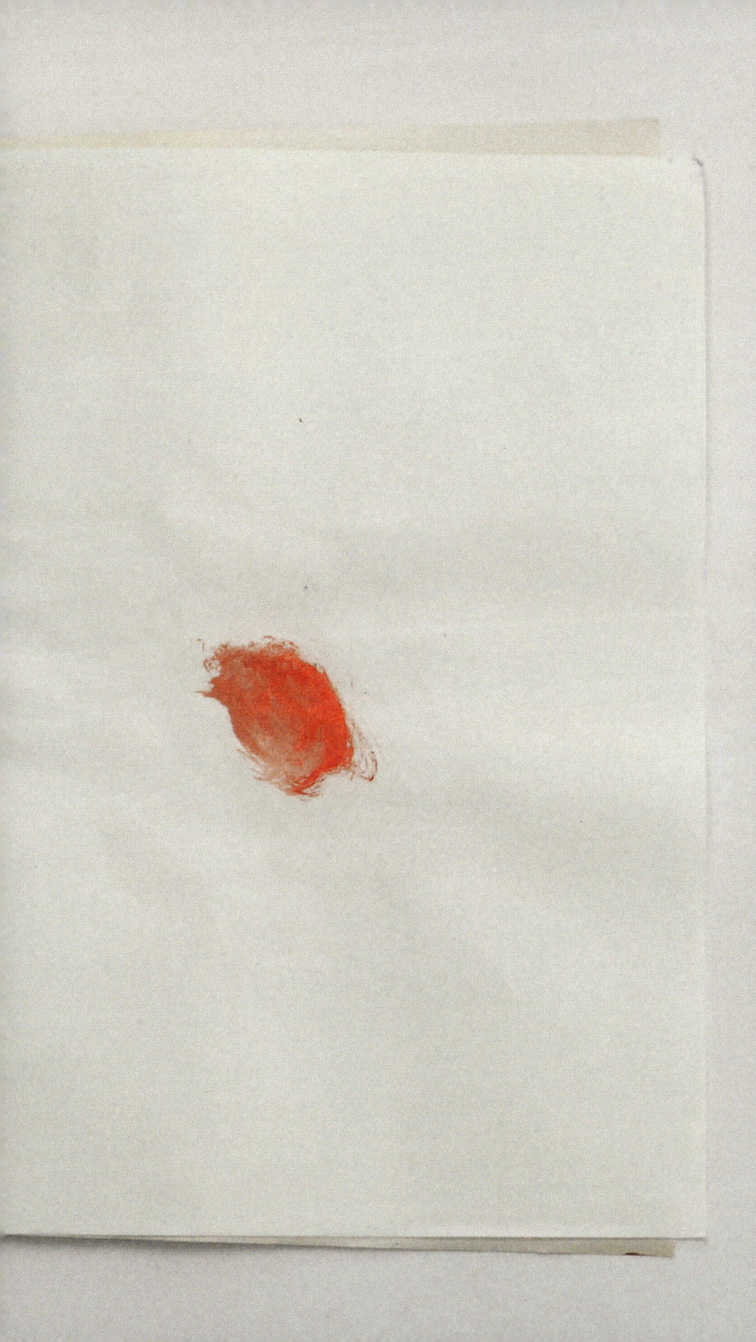

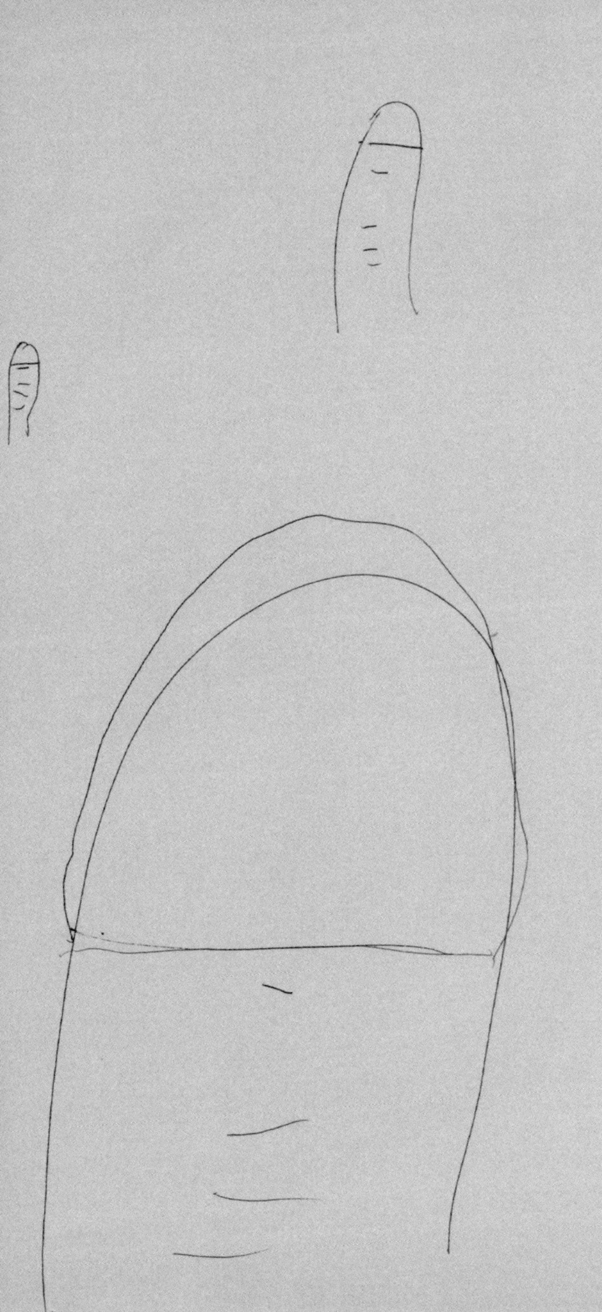

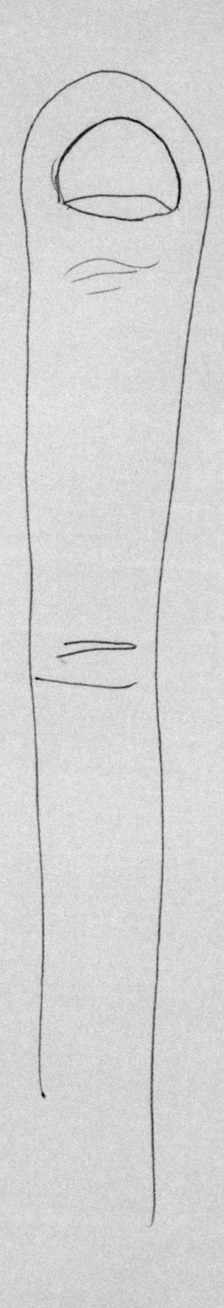

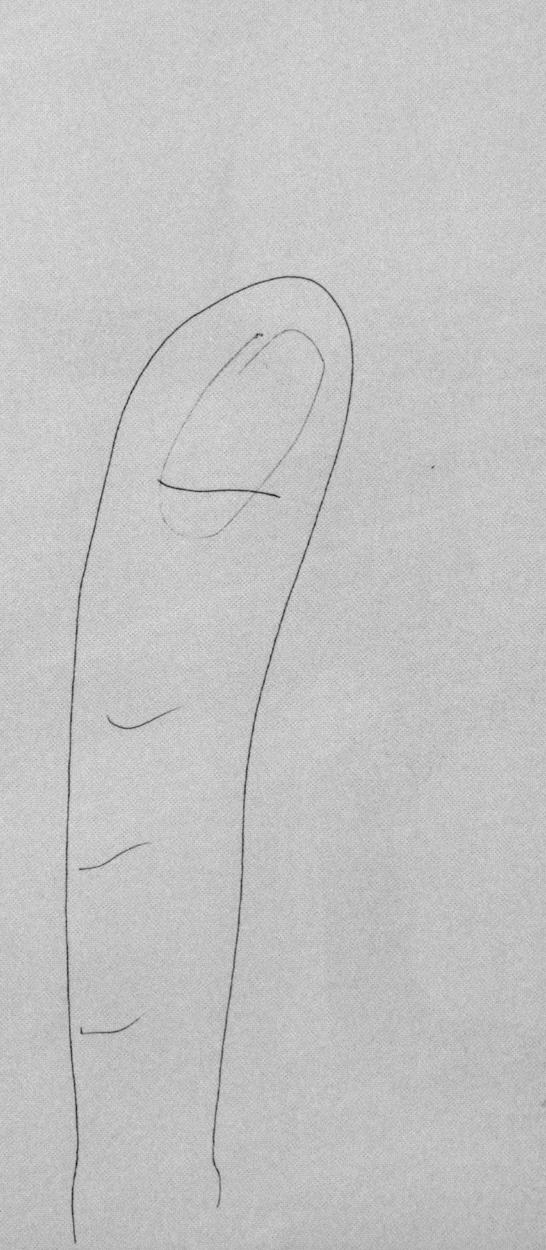

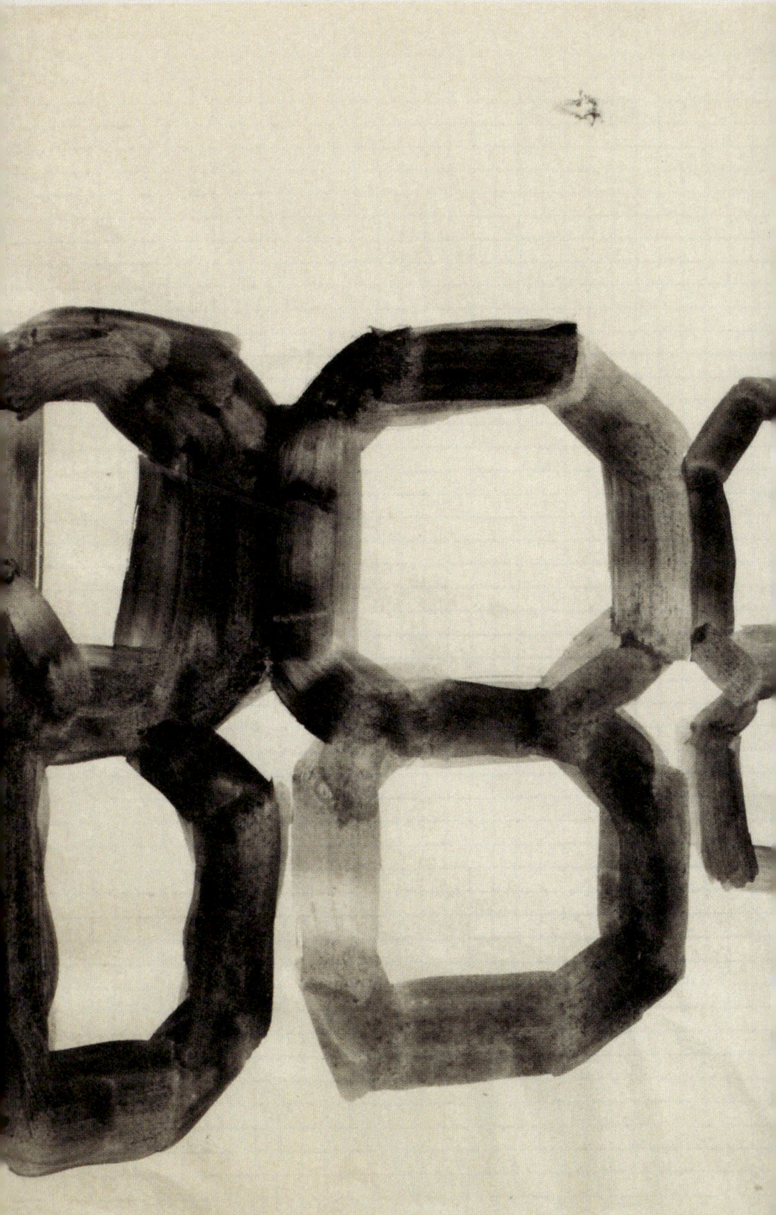

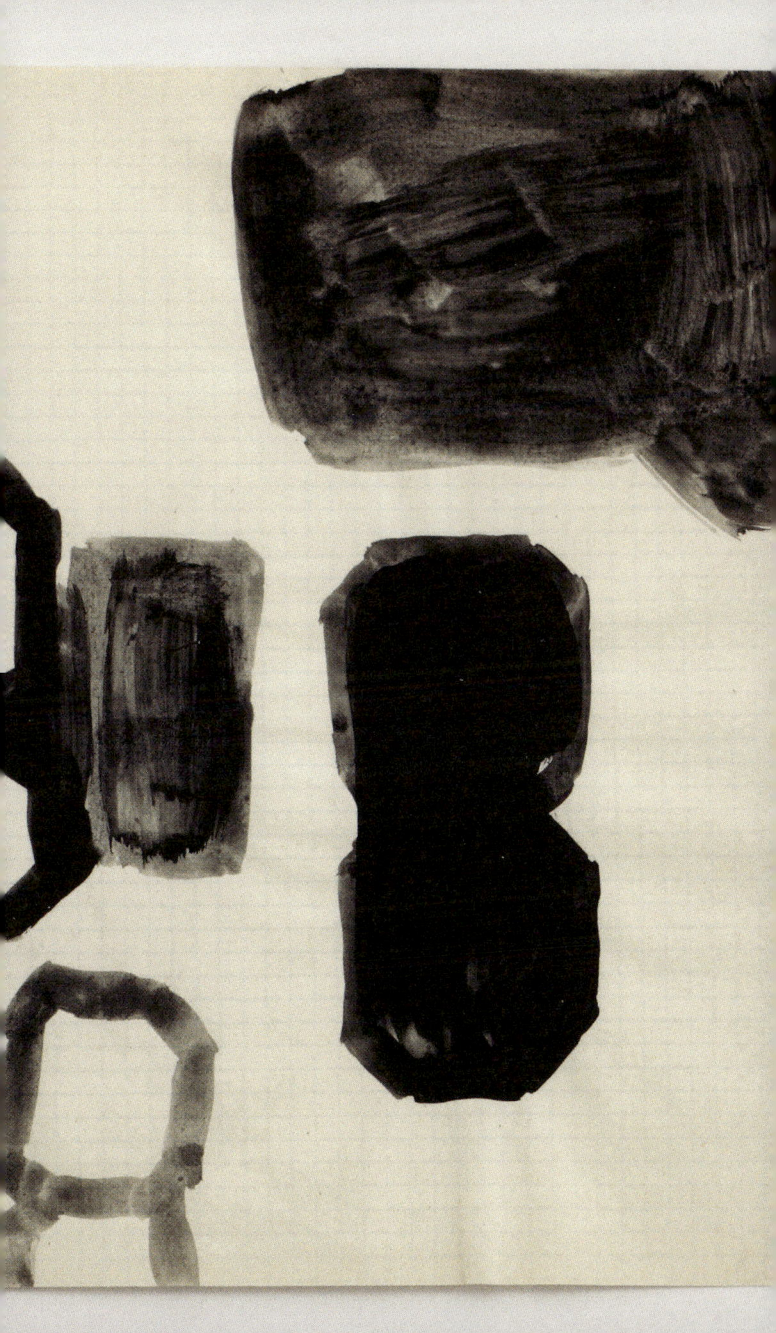

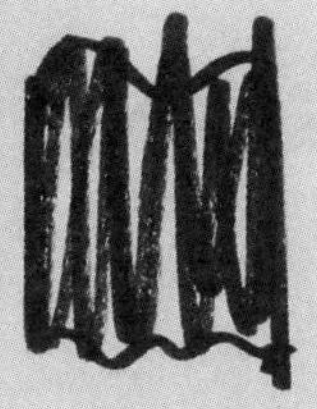

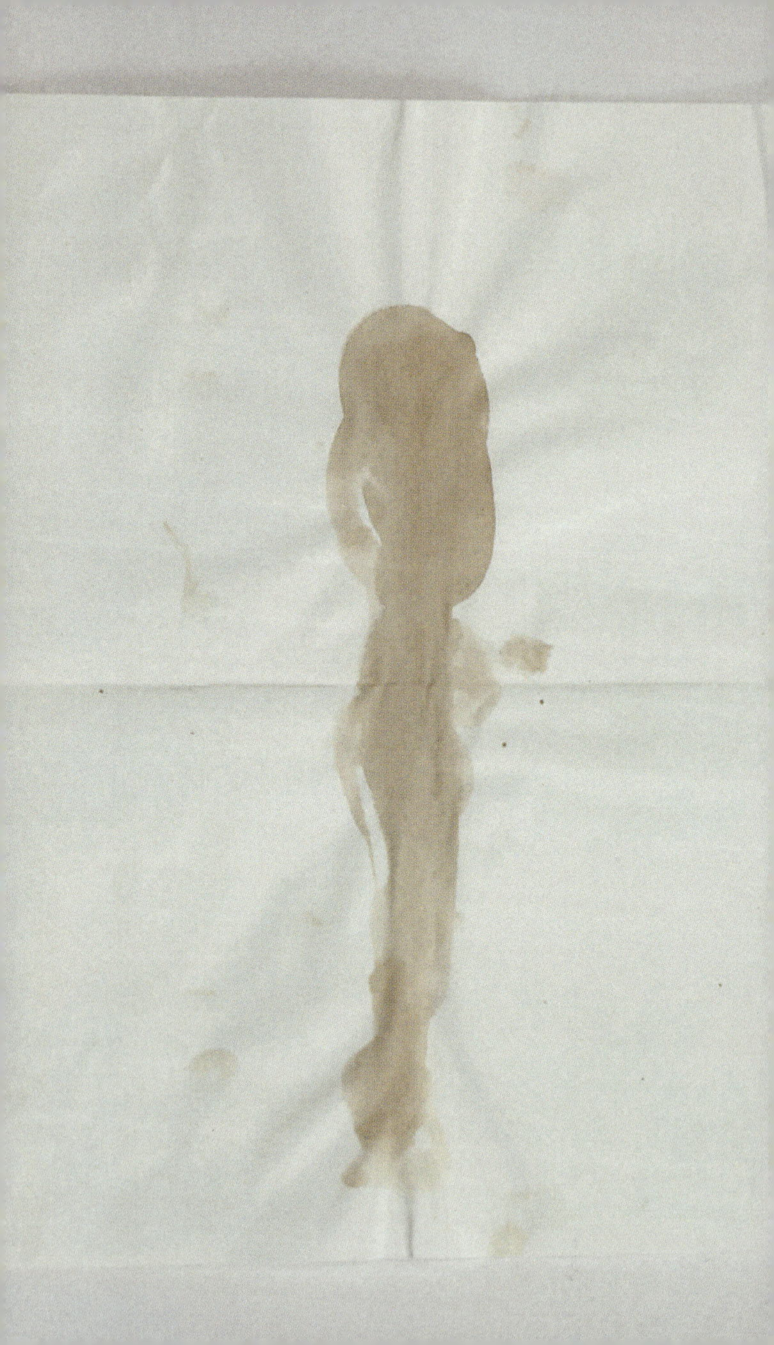

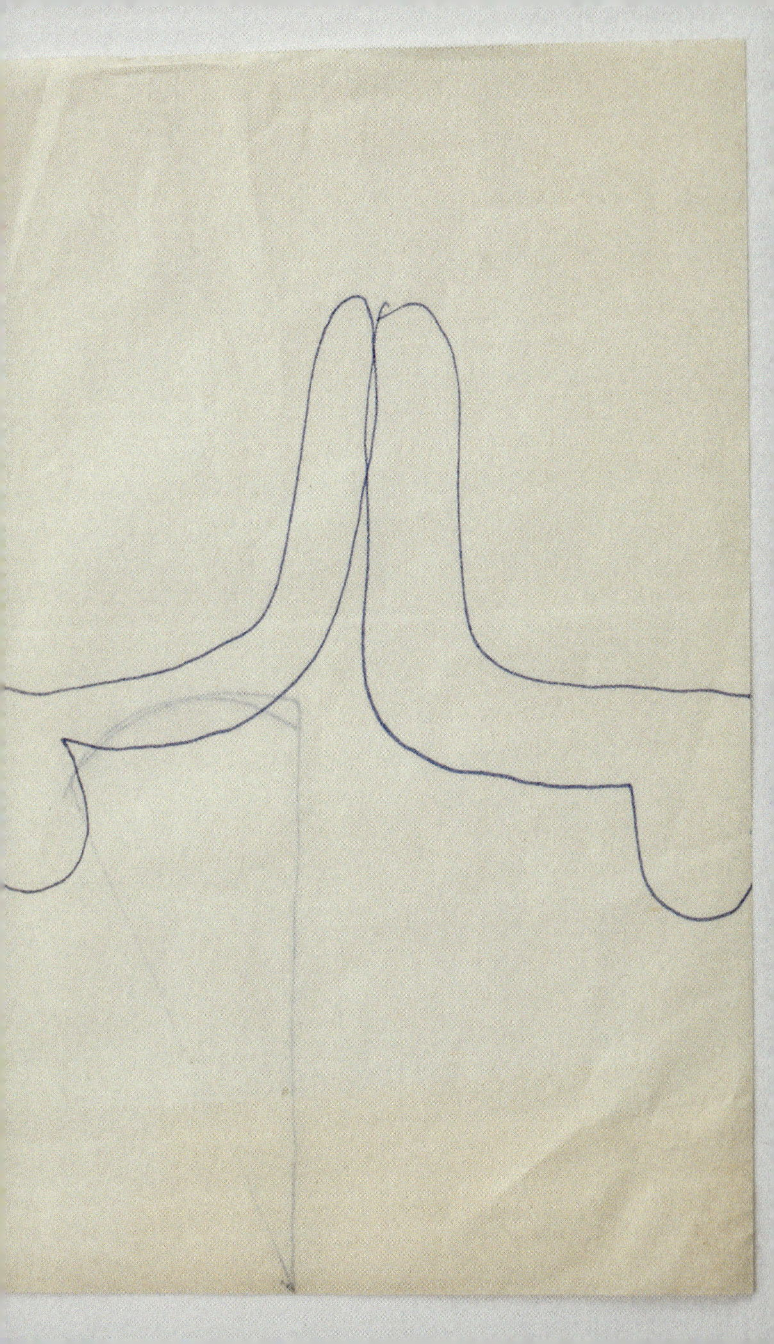

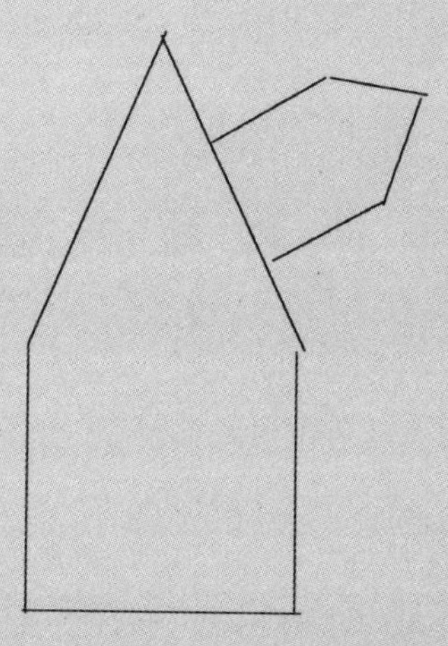

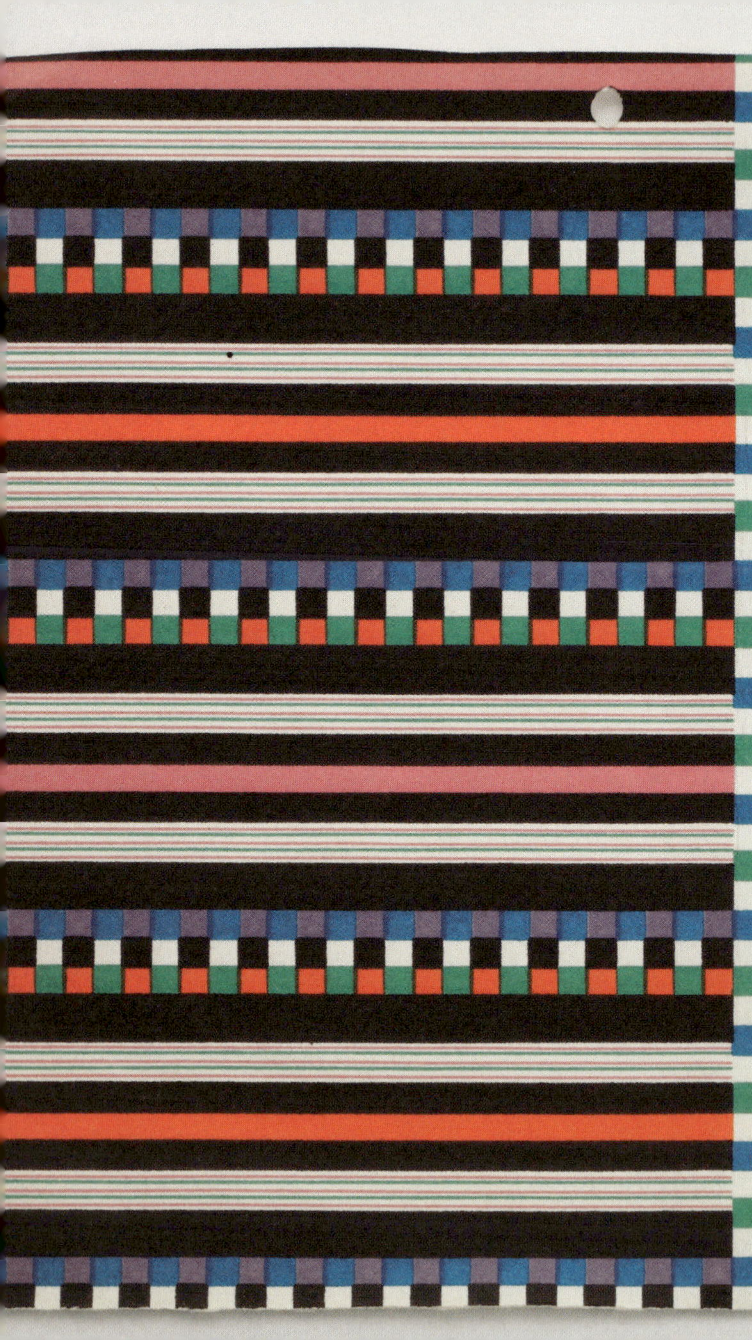

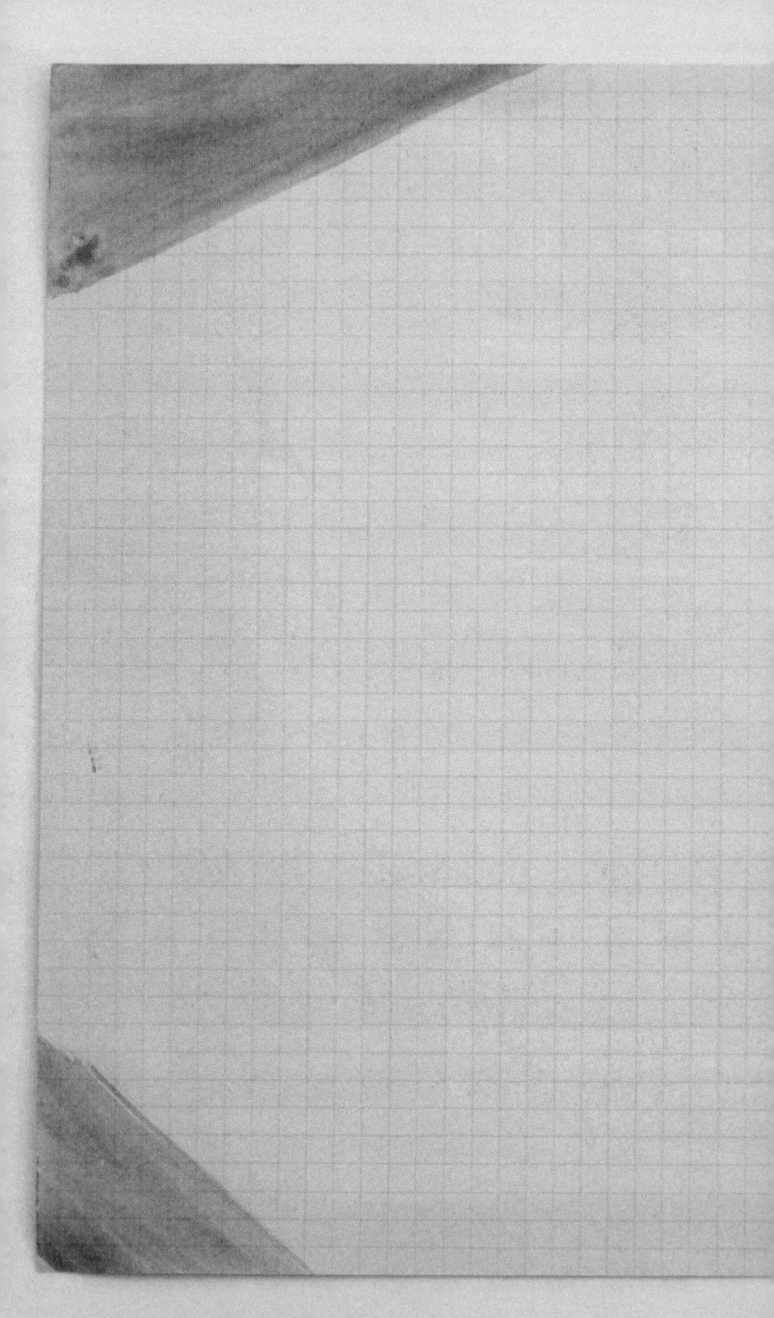

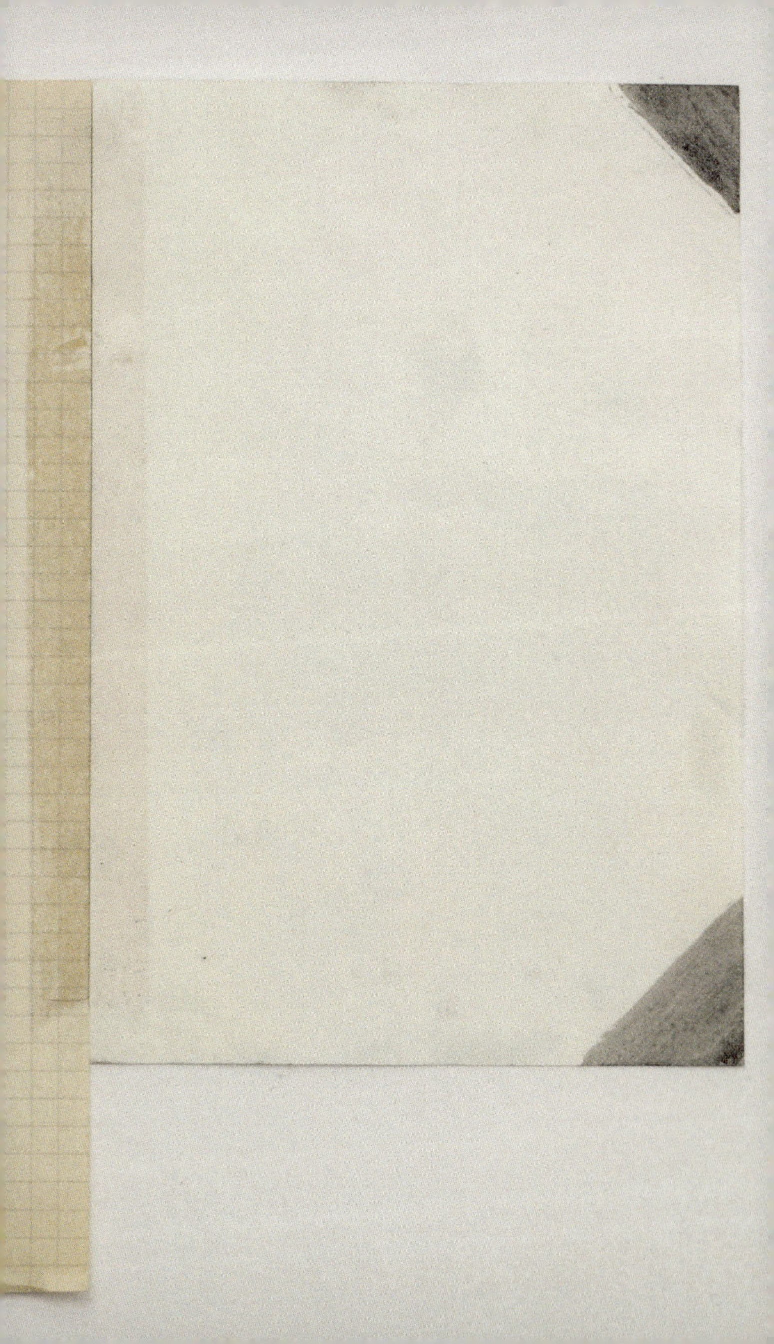

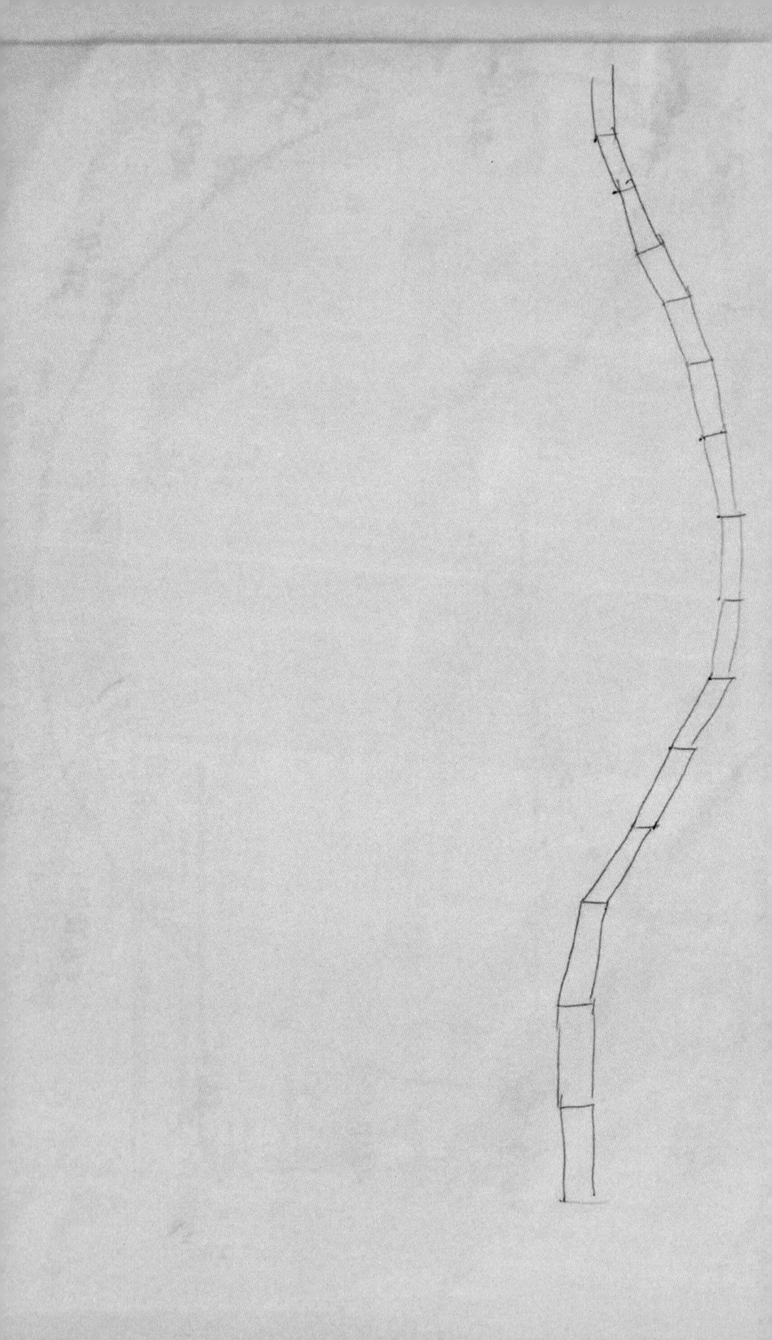